(EXTRAIT DU SYSTÈME INDUSTRIEL,

2e. *Partie*, *pag.* 196 *et suiv.*)

Ire. OPINION POLITIQUE DES INDUSTRIELS.

Par Henry SAINT-SIMON.

Tout par l'industrie, tout pour elle.

A PARIS,

Chez l'AUTEUR, rue de Richelieu, no. 34.

1821.

ÉPITRE DEDICATOIRE

A M. LE PRÉSIDENT

DU CONSEIL DES MINISTRES.

MONSIEUR LE PRÉSIDENT,

L'objet de cet écrit est de déterminer la formation d'un nouveau parti politique, d'un parti qui soit dirigé par les chefs des travaux industriels, et qui ait pour but principal et direct d'activer la production.

Je suis profondément convaincu que la formation de ce nouveau parti est de tous les événemens politiques possibles le plus désirable pour le Roi, pour la Nation et pour le Ministère; car il se proposera nécessaire-

ment pour but la prospérité de la Nation, la conservation de la Dynastie et la sécurité du Gouvernement.

C'est surtout le Ministère qui est intéressé à la formation de ce nouveau parti; car il restera dans une position très-embarrassante tant qu'il se trouvera en regard avec les deux seuls qui existent aujourd'hui.

Il ne peut pas se combiner avec le parti des nobles, qui ne possède aucune force réelle, est mal vu de la Nation, et devient absurde, parce qu'il a des intentions et une direction rétrogrades.

Le Ministère peut encore moins se combiner avec le parti des bourgeois, dont les chefs sont accusés de cacher, sous le manteau du libéralisme, le désir d'un changement de Dynastie, et du rétablissement, à leur bénéfice, des priviléges et de leurs abus (1).

---

(1) La très-grande majorité du côté gauche se compose d'hommes dont les intentions sont pures, et qui désirent franchement la réforme des abus; et cependant on ne peut pas se dissimuler que le côté gauche n'est point un parti franchement national. En voici la raison :

Ce parti combat le système politique actuel, et il ne présente point un nouveau système pour remplacer celui qu'il improuve. Ce parti a bien conscience que le système féodal, même mitigé, ne peut plus convenir à l'état des lumières; mais il ne sent pas encore que le seul moyen d'anéantir les principes féodaux consiste à établir les principes industriels; de là il résulte que son

Le Ministère ne pouvant se réunir avec aucun des deux partis existans, a nécessairement dû adopter un systême de bascule pour les contenir l'un par l'autre. Or, ce systême est essentiellement vicieux, parce que, d'une part, il tend à maintenir les choses dans un état précaire, et que d'un autre côté, il doit déplaire de plus en plus à la Nation, à qui il occasionne des dépenses considérables qui n'ont point pour objet l'utilité publique.

MONSIEUR LE PRÉSIDENT,

Dès qu'il existera un parti politique dirigé par les chefs des travaux industriels, l'embarras du Ministère cessera; car il pourra combiner le pouvoir royal avec un parti vraiment national, et à l'aide de ce parti, il dominera facilement les partis actuels, qui ne sont dans la réalité que des factions; il les dominera sans être obligé d'employer une portion considérable des revenus de l'Etat à se mettre à l'abri de leurs intrigues : en un mot, la création de ce parti fournira au Mi-

---

opinion n'a qu'un caractère critique et vague; de là il résulte que ce parti se laisse mener par quelques ambitieux qui ont un plan fixe, un but positif, qui visent directement à s'emparer du pouvoir, et qui ne se laissent point égarer dans les labyrinthes de la métaphysique.

nistère le moyen d'abandonner les principes de Machiavel, pour suivre une politique franche et loyale, la seule qui puisse convenir à l'état présent des lumières et de la civilisation, et au caractère national.

Mon entreprise étant directement et évidemment utile au Roi, à la Nation et au Ministère, je crois pouvoir et devoir compter sur la protection de Votre Excellence ; je la prie de vouloir bien me l'accorder.

Vous savez, Monsieur le Président, que j'ai entrepris de faire valoir les droits politiques des industriels ; vous savez que je me suis constitué leur avocat, leur agent, et que je me suis engagé à leur faire obtenir la considération à laquelle ils ont droit de prétendre, et l'influence qu'ils doivent exercer sur la direction des affaires publiques ; votre appui est trop nécessaire au succès de mon entreprise pour que vous soyez surpris de l'importance que j'attache à l'obtenir.

J'ai l'honneur d'être, avec respect,

MONSIEUR LE PRÉSIDENT,

Votre très-humble
et très-obéissant serviteur,

HENRY SAINT-SIMON.

PREMIÈRE OPINION POLITIQUE DES INDUSTRIELS,

OU

LETTRE

DE MM. LES ENTREPRENEURS DES TRAVAUX DE CULTURE, DE FABRICATION, DE COMMERCE ET DE BANQUE,

A M. TERNAUX,

Membre de la Chambre des Députés.

MONSIEUR,

VOTRE opinion sur le budjet vous fait beaucoup d'honneur; elle vous classe au nombre de ceux qui ont rendu d'éminens services à la société. Vous êtes le premier député qui ait parlé d'une manière générale et convenable des droits et des intérêts de l'industrie. Votre langage a été celui d'un homme qui sent profondément toute la dignité, toute l'utilité de ses occupations, et qui, sous le rapport de la morale, les regarde comme supérieures à toutes les autres.

Le courage, Monsieur, est la principale vertu; c'est celle qu'il importe le plus aux nations, comme aux individus, de posséder. La France aurait été conquise et partagée, si les Français n'avaient pas déployé un grand courage militaire. Nous n'avons plus besoin de courage militaire; mais le moment est arrivé où nous devons nous montrer courageux sous le rapport civil. Si nous ne développons pas une grande énergie politique, nous manquerons le but que nous nous sommes proposé en commençant la révolution, celui d'établir un ordre de chose tel que nous nous trouvions gouvernés le moins possible, et au meilleur marché possible.

Le plus bel hommage que nous puissions rendre à vos généreux efforts, c'est de les seconder; l'approbation la plus complète que nous puissions donner au pas que vous avez fait dans la politique industrielle, c'est d'en faire un second dans la même direction. Nous allons donc continuer l'exposé du système que vous avez eu le courage de présenter.

Vous avez dit, Monsieur, qu'un manufacturier était un homme plus utile à l'Etat qu'un noble. Nous sommes entièrement de votre avis, et nous allons soutenir votre assertion par des considérations générales, dans lesquelles nous mettrons en comparaison, d'une part, toute la noblesse, et de l'autre, la classe industrielle.

Dans les temps d'ignorance et de barbarie, l'état de guerre intérieure et extérieure était l'état habituel de la société; ainsi les militaires devaient jouir du premier degré de considération, parce qu'ils étaient la classe conservatrice de l'existence nationale; leurs chefs devaient être les citoyens les plus importans dans l'Etat; la direction des affaires publiques devait leur être confiée, et le Roi devait considérer comme le plus beau de ses titres, celui de premier gentilhomme, de premier soldat de son Royaume.

Dans l'état présent de la civilisation, il n'existe plus de guerre intérieure, et la guerre extérieure n'est plus qu'un état accidentel. Les nations les plus puissantes sont maintenant celles qui produisent le plus; ce sont donc les industriels qui doivent former la première classe de la société; ce sont leurs chefs qui doivent exercer la plus grande influence sur la direction des affaires publiques, et le plus beau titre que le Roi puisse prendre, est celui de chef suprême des travaux industriels.

En un mot, les circonstances politiques ont été changées par l'effet du progrès des lumières ; et de ce changement résulte la nécessité de créer un nouvel art pour diriger les affaires publiques.

Autrefois la principale capacité politique consistait à savoir gouverner, c'est-à-dire, à savoir se faire craindre et se faire obéir; la science de l'administration était encore dans l'enfance, et n'avait qu'une influence très-secondaire.

Aujourd'hui celui qui montrera le plus de capacité en administration, celui qui saura le mieux combiner les intérêts des diverses classes de producteurs, celui qui saura donner le plus d'activité à la production ; enfin, celui qui saura faire passer le plus promptement le pouvoir des mains des oisifs dans celles des travailleurs, sera celui qui montrera le plus de capacité en politique ; ce sera celui qui conduira les affaires publiques.

La France est devenue une grande manufacture, et la nation française un grand atelier. Cette manufacture générale doit être dirigée de la même manière que les fabriques particulières. Or, les travaux les plus importans dans les manufactures, consistent d'abord à établir les procédés de fabrication, ensuite à combiner les intérêts des entrepreneurs avec ceux des ouvriers, d'une part, et de l'autre, avec ceux des consommateurs. Le soin d'empêcher les vols et les autres désordres dans les atteliers, en un mot, le soin de gouverner ces atteliers, n'est considéré que comme un travail tout-à-fait secondaire, et il est confié à des subalternes.

Sous l'ancien régime, la subordination, en France, était établie et maintenue par les baïonnettes : elle ne peut plus résulter aujourd'hui que de l'infériorité sentie par les ouvriers de leurs moyens pécuniaires et de leur capacité à l'égard de la capacité et des capitaux des entrepreneurs.

Il est devenu absolument impossible à la royauté de suivre plus long-temps ses anciens erremens. Cette institution doit nécessairement changer de nature, de caractère et d'allure. La classe qui l'a instituée à son profit, n'est plus en état de la soutenir, et la classe qui peut et qui veut la soutenir, entend, comme de raison, que l'action de la royauté s'exerce dans son intérêt.

Le Roi doit se considérer maintenant comme le chef des producteurs de son royaume ; il doit employer tout son pouvoir, toute son autorité à faire disparaître les obstacles qui empêchent l'industrie de prendre le plus grand essor dont elle soit susceptible. Sa Majesté doit faire un grand acte de vigueur ; elle doit anéantir l'existence politique des courtisans, et ne plus voir en eux que des subalternes, parce qu'ils ne remplissent que des fonctions de domesticité. Le Roi doit supprimer l'ancienne et la nouvelle noblesse ; il doit déconsidérer la classe des désœuvrés subalternes, à laquelle on a donné le nom de bourgeois, qui, de même que les nobles, doivent être envisagés comme des sangsues du peuple, puisque, de même que ceux-ci, il s'efforcent d'obtenir des places pour eux et pour leurs enfans, afin de vivre aux dépens de la nation.

Un garde national disait plaisamment l'autre jour :

« La nation se trouve établie sur trois » rangs. La noblesse compose le premier, » les bourgeois le second, et les industriels » le troisième. Que le Roi commande demi-» tour à droite, et la nation se trouvera en » bataille dans l'ordre que les progrès de la » civilisation ont rendus naturels. »

MONSIEUR,

Le Roi peut reconstituer la royauté; il peut rendre à cette institution toute la vigueur de la jeunesse. Pour atteindre ce but, voici, à ce que nous croyons, les mesures qu'il doit prendre :

1°. Etablir un conseil d'administration générale des affaires publiques, et lui donner le titre de *Conseil royal et national suprême;*

2°. Composer ce Conseil des fabricans d'objets de culture, d'objets ouvragés, des négocians et des banquiers les plus importans, dans la proportion de 25 à 30 personnes;

3°. Ordonner que ce Conseil s'assemblera tous les ans pendant le temps nécessaire pour former le projet de budjet;

Que ce Conseil lui rendra compte du bon ou mauvais usage que les ministres auront fait des fonds qui leur auront été acccordés par le budjet précédent;

Que ce Conseil communiquera directement et sans aucun intermédiaire avec Sa Majesté, de manière que les ministres ne seront plus que les agens de ce Conseil, qui se trouvera être le Conseil intime du Roi.

Dès que le pouvoir administratif sera, par

ce moyen, superposé au pouvoir de gouverner, et à tous les autres pouvoirs, quel que soit le nom qu'ils portent, la métamorphose de la royauté commencera à s'opérer, et on verra cette institution se dépouiller successivement du caractère féodal pour se revêtir du caractère industriel.

Nous avons l'honneur d'être, etc. (1).

---

(1) Cette Lettre est déjà signée par plusieurs industriels importans; les personnes qui jugeront à propos de la signer, sont invitées à faire connaître leurs intentions, par écrit, en s'adressant chez M. SAINT-SIMON, rue de Richelieu, n°. 34.

La liste des signataires ne sera publiée que dans plusieurs mois, ce temps ayant paru nécessaire, d'une part, pour que MM. les industriels aient pu examiner à loisir si l'opinion contenue dans cette lettre est bien conforme à leurs intérêts, ainsi qu'à ceux du Roi, et d'une autre part, pour que j'aie eu le temps de développer cette opinion dans d'autres écrits, ce qui facilitera les moyens de la juger.

PREMIER CHANT

DES INDUSTRIELS.

Les temps préparés par nos pères,
Les temps enfin sont arrivés:
Tous les obstacles sont levés;
Nous touchons à nos jours prospères.
Déjà s'inclinent devant nous
La force et l'erreur détrônées:
Quelques efforts, quelques journées,
Elles tombent à nos genoux.
Honneur à nous, enfans de l'industrie!
Honneur, honneur à nos heureux travaux!
Dans tous les arts vainqueurs de nos rivaux,
Soyons l'espoir, l'orgueil de la patrie.

Déployant ses aîles dorées,
L'industrie aux cent mille bras,
Joyeuse, parcourt nos climats,
Et fertilise nos contrées.
Le désert se peuple à sa voix,
Le sol aride se féconde;
Et, pour les délices du Monde,
Au Monde elle donne des lois.

Honneur à nous, enfans de l'industrie!
Honneur, honneur à nos heureux travaux!
Dans tous les arts vainqueurs de nos rivaux,
Soyons l'espoir, l'orgueil de la patrie.

Par qui voit-on cicatrisée
La trace de nos maux divers?
Sous le poids de tant de revers
Qui soutint la France épuisée?
« Enfin, s'écriait l'étranger,
» Enfin, la France est ma victime! »
Quelles mains comblèrent l'abîme
Où sa haîne allait la plonger?.....
Honneur à nous, enfans de l'industrie!
Honneur, honneur à nos heureux travaux!
Dans tous les arts vainqueurs de nos rivaux,
Soyons l'espoir, l'orgueil de la patrie.

Laissons, dans sa lâche mollesse,
Le Sybarite végéter;
Laissons le noble nous vanter
Ce qu'il appelle sa noblesse.
Ternaux! le vrai noble, c'est toi;
C'est le sage à la vie active,
Qui créa des biens qu'il cultive,
Pour les répandre autour de soi.
Honneur à toi, soutien de l'industrie!
Honneur, honneur à tes nobles travaux!
Dans la carrière enflamme tes rivaux,
Et vis long temps pour eux, pour la patrie!

ROUGET DE LISLE.

Quelques membres de l'industrie ont paru voir avec

peine le nom de M. Ternaux consacré dans le chant qu'on vient de lire; nous allons nous expliquer à ce sujet avec notre franchise ordinaire.

Quel peut-être le motif de l'improbation contre laquelle nous réclamons? Ce n'est point à la personne de M. Ternaux que s'adresse notre hommage; c'est à l'acte courageux et philosophique par lequel il a signalé la naissance de l'ordre de choses industrielles et fixé le point d'où cet ordre de choses prendra l'allure et l'essor qui lui sont naturels.

Pourquoi l'action de M. Ternaux ne recevrait-elle pas les éloges qu'elle mérite? Pourquoi ces éloges ne rejailliraient-ils pas sur son auteur? Quel est donc ce privilége de louanges et d'admiration dont une aveugle routine fait l'apanage, à peu près exclusif, de l'héroïsme militaire? Eh quoi! pour le moindre fait d'armes, le plus mince général entend toutes les trompettes de la renommée retentir en sa faveur; peintres, poëtes, musiciens, font assaut de zèle et de talens pour relever des exploits qui, bien souvent, sont l'ouvrage du hasard; et l'honorable négociant qui, mu par une volonté ferme et par les sentimens les plus généreux, se dévoue pour l'intérêt de ses pairs, et pour donner une impulsion puissante au changement que nécessitent dans l'organisation sociale la marche de la civilisation et le progrès des lumières, ne recueillerait pour toute récompense que le silence, l'oubli ou les sarcasmes d'un ministre! Il ne serait pas permis d'attacher son nom aux actes de son dévouement! Ceux-là même qui sont appelés à en partager le fruit, regarderaient comme une inconvenance que ce brave citoyen fût désigné personnellement à la reconnaissance publique! Encore une fois, quelle peut être la cause de cette étrange opinion? Si la guerre a possédé des héros, l'industrie n'est-elle pas destinée à avoir les siens? N'existe-t-il pas un courage civil, comme il existe un courage militaire? N'est-ce pas du courage civil dont nous avons principalement besoin dans ce moment? La société ne doit-elle pas l'exciter par tous les moyens qui sont en son pouvoir? Agir autrement de la part des industriels, ne serait-ce pas se replonger, se perpétuer dans cet état de *subalternité* qui fut long-temps leur partage, et qui, désormais, deviendrait d'autant plus humiliant, qu'ils n'ont qu'à vouloir pour en sortir, et que M. Ternaux leur a ouvert la route par laquelle ils doivent s'élever à leur véritable place.

Nous terminerons en déclarant formellement que M. Ternaux, ainsi que plusieurs de ses amis, nous ont vivement pressé de ne pas le nommer, et que pour toute réponse, nous leur avons dit : *Le premier industriel qui a refusé de s'affubler d'un sobriquet féodal, doit être loué, peint, gravé, sculpté et chanté : tous les beaux-arts doivent travailler de concert à immortaliser son nom.*

Imprimerie de Madame Veuve PORTHMANN,
Rue Sainte-Anne, n°. 43.

AIR

du Chant des Industriels.

Par l'Auteur des Paroles.

CHANT DES INDUSTRIELS.

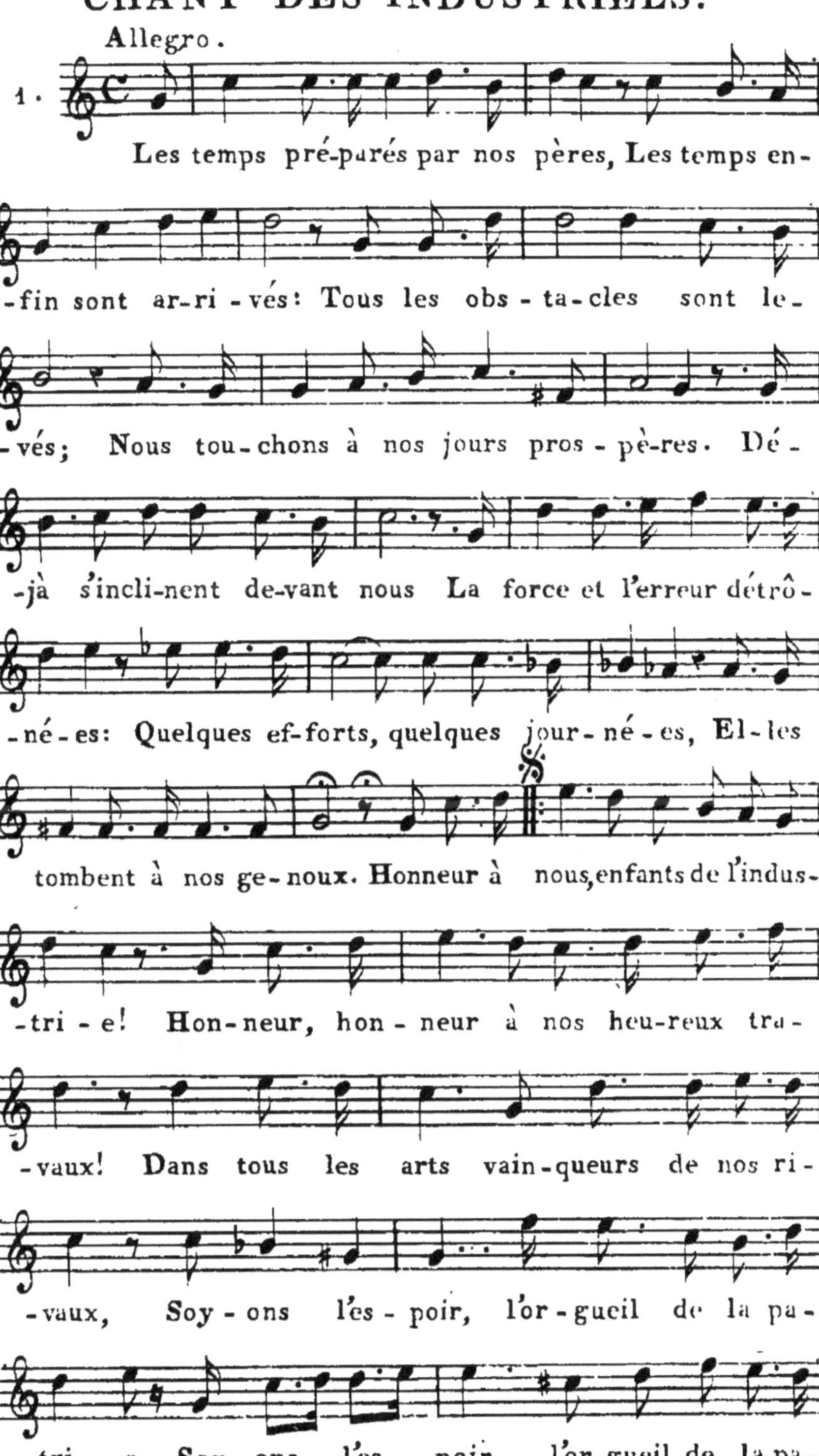

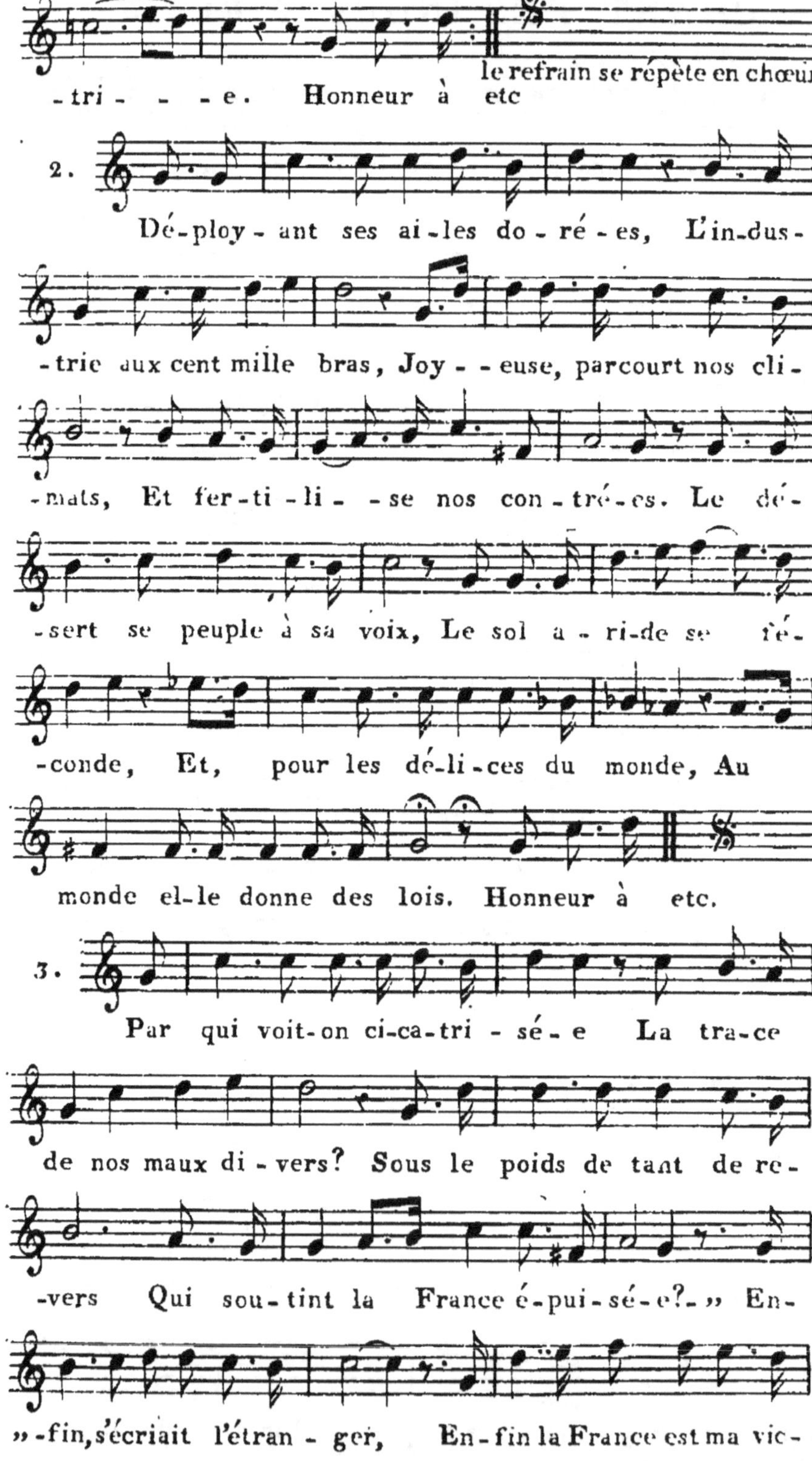
le refrain se répète en chœur.
-tri - - - e. Honneur à etc
2.
Dé-ploy-ant ses ai-les do-ré-es, L'in-dus-
-trie aux cent mille bras, Joy--euse, parcourt nos cli-
-mats, Et fer-ti-li--se nos con-tré-es. Le dé-
-sert se peuple à sa voix, Le sol a-ri-de se fé-
-conde, Et, pour les dé-li-ces du monde, Au
monde el-le donne des lois. Honneur à etc.
3.
Par qui voit-on ci-ca-tri-sé-e La tra-ce
de nos maux di-vers? Sous le poids de tant de re-
-vers Qui sou-tint la France é-pui-sé-e?-» En-
»-fin, s'écriait l'étran-ger, En-fin la France est ma vic-

4
-ti-me.-„ Quelles mains comblerent l'a-by-me Où sa
haine al-lait la plon-ger? Honneur à etc.
4.
Laissons, dans sa lâ-che mol-les-se, Le sy-ba-
-ri-te vé-gé-ter: Laissons le no-ble nous van-
-ter Ce qu'il ap-pel-le sa no-bles-se. Ter-
-naux! le vrai noble c'est toi; C'est le sage à la vie ac-
-ti-ve, Qui cré-a des biens qu'il cul-ti-ve Pour les ré-
-pandre autour de soi. Honneur à toi, soutien de l'indus-
-tri-e! Honneur, hon-neur à tes no-bles tra-
-vaux! Dans la car-rière enflamme tes ri-vaux, Et vis long-
-temps pour eux, pour la pa-tri-e, Et vis long-
-temps pour eux, pour la pa-tri---e. Honneur à etc.

J'écris pour les Industriels contre les Courtisans et contre les Nobles ; c'est-à-dire, j'écris pour les abeilles contre les frélons. Je me soucie très-peu que les Courtisans, que les Nobles, ainsi que les autres frélons, connaissent cette brochure ; mais je désire infiniment qu'elle soit lue par tous les Industriels, étant convaincu que cette lecture leur sera utile. Je l'enverrai donc à tous ceux que je connais, et j'invite ceux qui ne la recevront pas, à la faire prendre chez moi.

11

www.ingramcontent.com/pod-product-compliance
Lightning Source LLC
LaVergne TN
LVHW010253230826
846091LV00007B/2940

* 9 7 8 2 0 1 2 9 3 5 7 8 5 *